Meu Grande Livro de

ALFABETO

INGLÊS

Este livro pertence a | This book belongs to

....

Happy Books

GUIA DE PRONÚNCIA PARA OS PAIS

A PRONÚNCIA, EM INGLÊS, FOI SIMPLIFICADA AO MÁXIMO PARA FACILITAR O AUXÍLIO QUE OS PAIS DARÃO À CRIANÇA. PRONUNCIE AS PALAVRAS GRIFADAS EM (AZUL) COMO SE ESTIVESSE LENDO-AS EM PORTUGUÊS E VOCÊ SERÁ SUFICIENTEMENTE BEM COMPREENDIDO.

O USO DOS ACENTOS MOSTRA QUAL DEVE SER A SÍLABA TÔNICA E QUAL ENTONAÇÃO ELA DEVE TER. UM BOM EXEMPLO ESTÁ NA PALAVRA BANANA: EM PORTUGUÊS NÓS A DIZEMOS COMO (BANÂNA), MAS EM INGLÊS ELA É PRONUNCIADA COMO (BANÁNA).

ALGUMAS DICAS PARA MELHORAR A PRONÚNCIA:

TH - É UM SOM QUE NÃO HÁ EM PORTUGUÊS. ENTÃO, SUGERIMOS QUE SE TENTE EMITIR ESSA PRONÚNCIA APROXIMANDO A LÍNGUA DOS DENTES FRONTAIS, E SOLTANDO O AR LEVEMENTE ENTRE ELES, ENQUANTO SE PRONUNCIA A PALAVRA. NO BRASIL, É UM SOM PARECIDO COM A ANQUILOGLOSSIA (LÍNGUA PRESA).

O **TH** PODE TER SOM PARECIDO COM F, MAS NÃO IGUAL, QUE É OUVIDO EM PALAVRAS COMO **MOUTH** (MÁUF), **BATHROBE** (BÁFRÔUB) OU **THANKS** (FÁNKS). TAMBÉM PODE TER SOM LEVE, PARECIDO COM D OU V, MAS NÃO IGUAL, COMO EM **THIS** (DÍS), **THAT** (DÁT), **THE** (DÊ) OU **CLOTHES** (CLÔVES).

A PRONÚNCIA DO R EM INGLÊS É BEM DIFERENTE DO QUE ESTAMOS ACOSTUMADOS. ELA É CHAMADA DE "R-RETROFLEXO", MAS É MAIS CONHECIDA COMO "R-CAIPIRA". EM PALAVRAS QUE COMEÇAM COM R, COMO RAIN, ROBOT, RAT, O PRIMEIRO R DEVE SER PRONUNCIADO "DOBRADO". IMAGINE UMA PESSOA DO INTERIOR DIZENDO "PORTÃO". O JEITO COMO DOBRAMOS A LÍNGUA PARA DIZER ESSA PALAVRA É O JEITO QUE O R EM INGLÊS DEVE SER DITO. A NOSSA PRIMEIRA REAÇÃO É PRONUNCIAR ESSAS PALAVRAS COM A GARGANTA, ENTÃO, AOS POUCOS, TENTE "DOBRAR" A LÍNGUA NO PRIMEIRO R. PRESTE ATENÇÃO EM FILMES E MÚSICAS, POIS ELES LHE AJUDARÃO BASTANTE.

AS PALAVRAS QUE INICIAM COM H DEVEM SER PRONUNCIADAS COM A GARGANTA, TAL COMO EM **"HORSE"** E **"HIPPO"**.

NÃO COLOQUE O "I" NO FIM DAS PALAVRAS, TAL COMO EM **CRAB** (CRÁB), **ELEFANT** (ÉLEFANT), **DOVE** (DÔUV), **GIRAFFE** (DJIRÁF) OU **GARAGE** (GARÁDJ). AS PALAVRAS EM INGLÊS, DIFERENTEMENTE DO PORTUGUÊS, COMUMENTE TERMINAM COM SOM DE CONSOANTE.

PALAVRAS QUE TERMINAM COM "M" OU "N" TÊM A SUA PRONÚNCIA BEM ACENTUADA. UM BOM EXEMPLO É **COMFORT** (CÔMMFORT). EM PORTUGUÊS NÓS LEMOS CONFORT, MAS EM INGLÊS O M É BEM EVIDENTE. OUTRO PONTO PODE SER OBSERVADO EM **SUN**: NO INGLÊS O N É BEM PRONUNCIADO NO FIM DA PALAVRA, TAL COMO (SÂNN).

W TEM SOM DE U, QUE PODE SER OUVIDO EM **WHAT** (UÓT), **WATER** (UÓTER) E **FLOWER** (FLÁUER), COM EXCEÇÃO DE **WHO**, QUE SE PRONUNCIA COMO (RÚ).

EXISTE DIFERENÇA ENTRE ALGUMAS PALAVRAS E ENTRE A PRONÚNCIA DO INGLÊS AMERICANO E DO INGLÊS BRITÂNICO. OS LIVROS DA **HAPPY ENGLISH** SÃO PRODUZIDOS NA VERSÃO BRITÂNICA, POR ISSO HAVERÁ DETERMINADO VOCABULÁRIO, ASSIM COMO DETERMINADAS PRONÚNCIAS, QUE SERÃO DIFERENTES DAQUILO QUE SE ESTÁ ACOSTUMADO A VER / OUVIR TODOS OS DIAS, TAIS COMO **SOCCER** E **FOOTBALL**, **MOTORCYCLE** E **MOTORBIKE**, **SNEAKERS** E **TRAINERS**, **AIRPLANE** E **AEROPLANE**, DENTRE OUTROS.

A

AEROPLANE
aeroplane
Aeroplane

(ÉROPLÊINI)
AVIÃO

FLY HIGH BY **AEROPLANE!**

AEROPLANE
aeroplane
Aeroplane

B

BIKE
bike
Bike

(BÁIK)
BICICLETA

BIKING IS FUN!

BIKE
bike
Bike

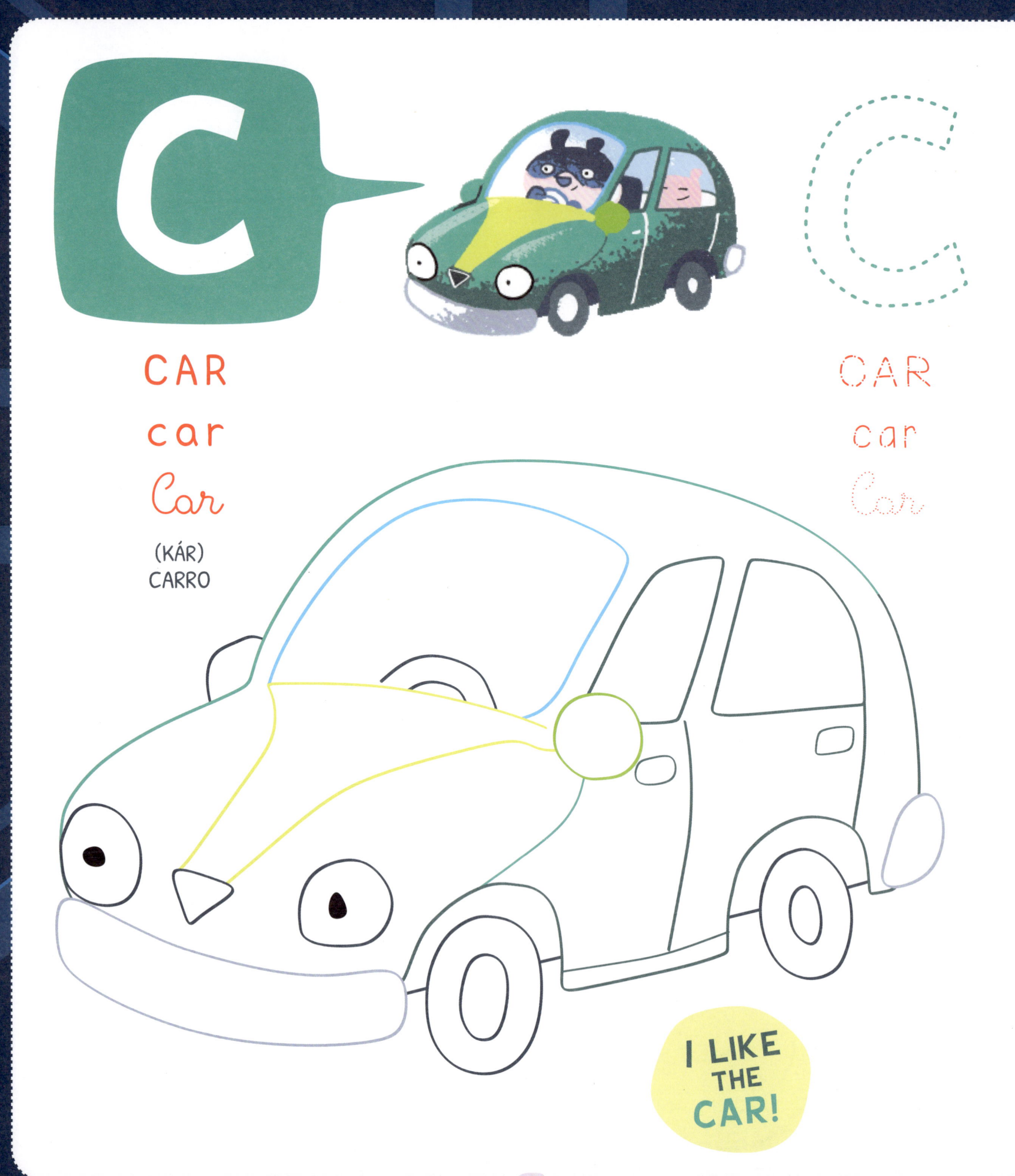

C

CAR
car
Car

(KÁR)
CARRO

CAR
car
Car

I LIKE THE CAR!

D

DOLPHIN
dolphin
Dolphin
(DÓLFIN)
GOLFINHO

DOLPHIN
dolphin
Dolphin

THE
DOLPHIN
PLAYS!

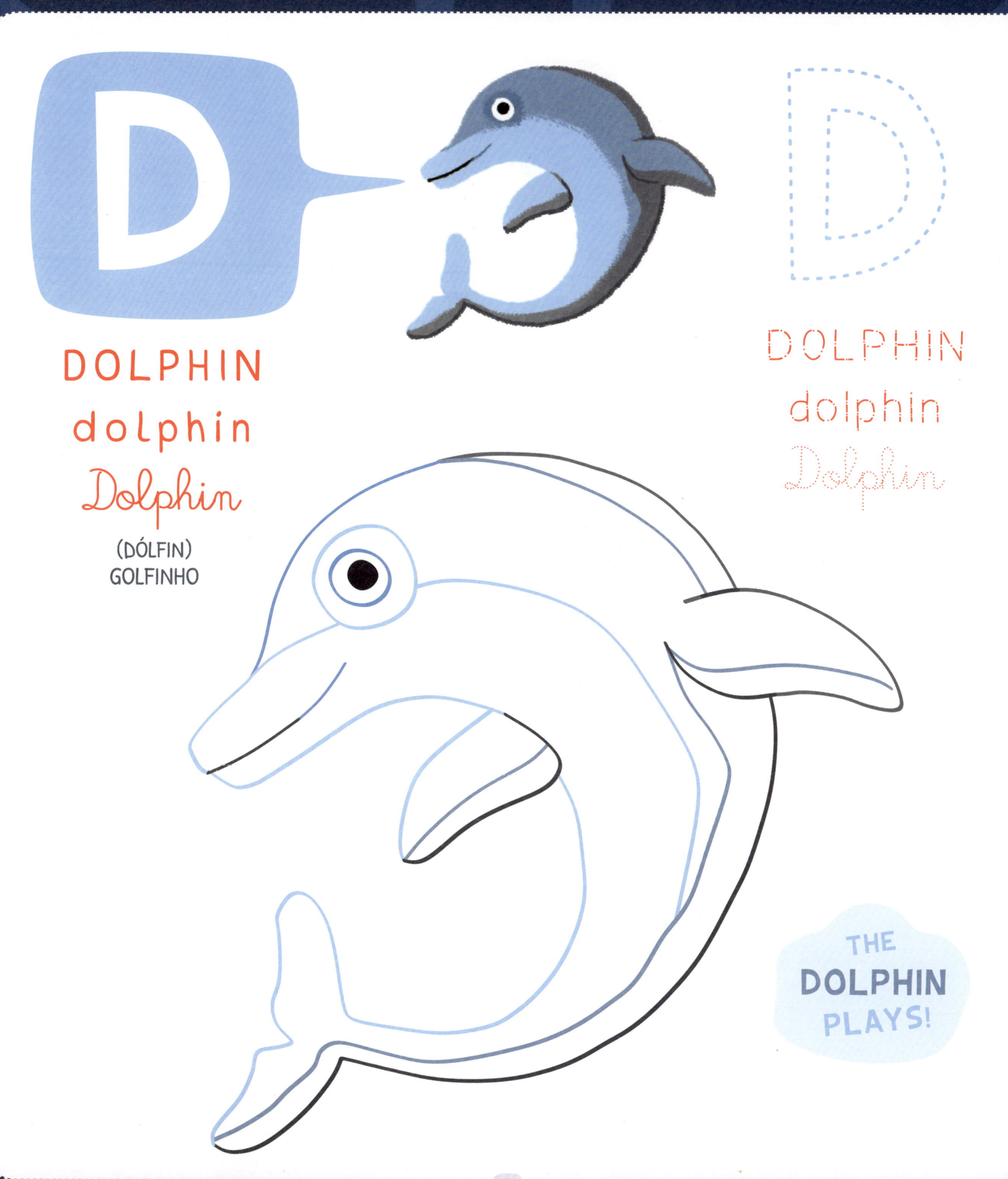

E

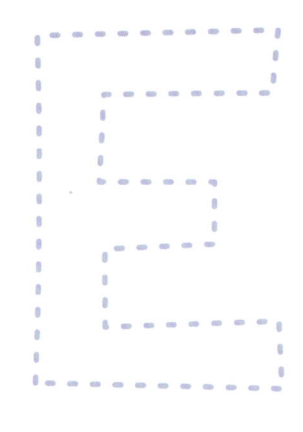

ELEPHANT
elephant
Elephant
(ÉLEFANT)
ELEFANTE

ELEPHANT
elephant
Elephant

THE
ELEPHANT
IS **BIG!**

F

FROG
frog
Frog

(FRÓG)
RÃ

IS THE
FROG
CUTE?

FROG
frog
Frog

G

G

GORILLA
gorilla
Gorilla

(GORÍLA)
GORILA

GORILLA
gorilla
Gorilla

THE **GORILLA** LOOKS SERIOUS!

H

HORSE
horse
Horse

(HÓRS)
CAVALO

THAT **HORSE** IS VERY **ELEGANT!**

HORSE
horse
Horse

I

ISLAND
island
Island

(ÁILAND)
ILHA

ISLAND
island
Island

MY
BEAUTIFUL
ISLAND!

J

JUICE

juice

Juice

(DJÚS)

SUCO

JUICE

juice

Juice

THE JUICE IS SWEET!

K

KOALA

koala

Koala

(KÔUALA)
COALA

KOALA

koala

Koala

THE **KOALA** EATS **TREE** **LEAVES**.

L

LION
lion
Lion

(LÁION)
LEÃO

LION
lion
Lion

THE **LION** IS THE **KING** OF THE **JUNGLE!**

M

MOTORBIKE

motorbike

motorbike

(MÓTORBÁIK)
MOTOCICLETA

THE **MOTORBIKE** IS **FAST**.

MOTORBIKE

motorbike

Motorbike

NEWT

newt

Newt

(NÍUT)
TRITÃO

NEWT

newt

Newt

WHAT'S
THE
COLOUR
OF THE
NEWT?

O

OCTOPUS

octopus

Octopus

(ÓKTUPÂS)
POLVO

OCTOPUS

octopus

Octopus

THE **OCTOPUS** SAYS HELLO TO YOU!

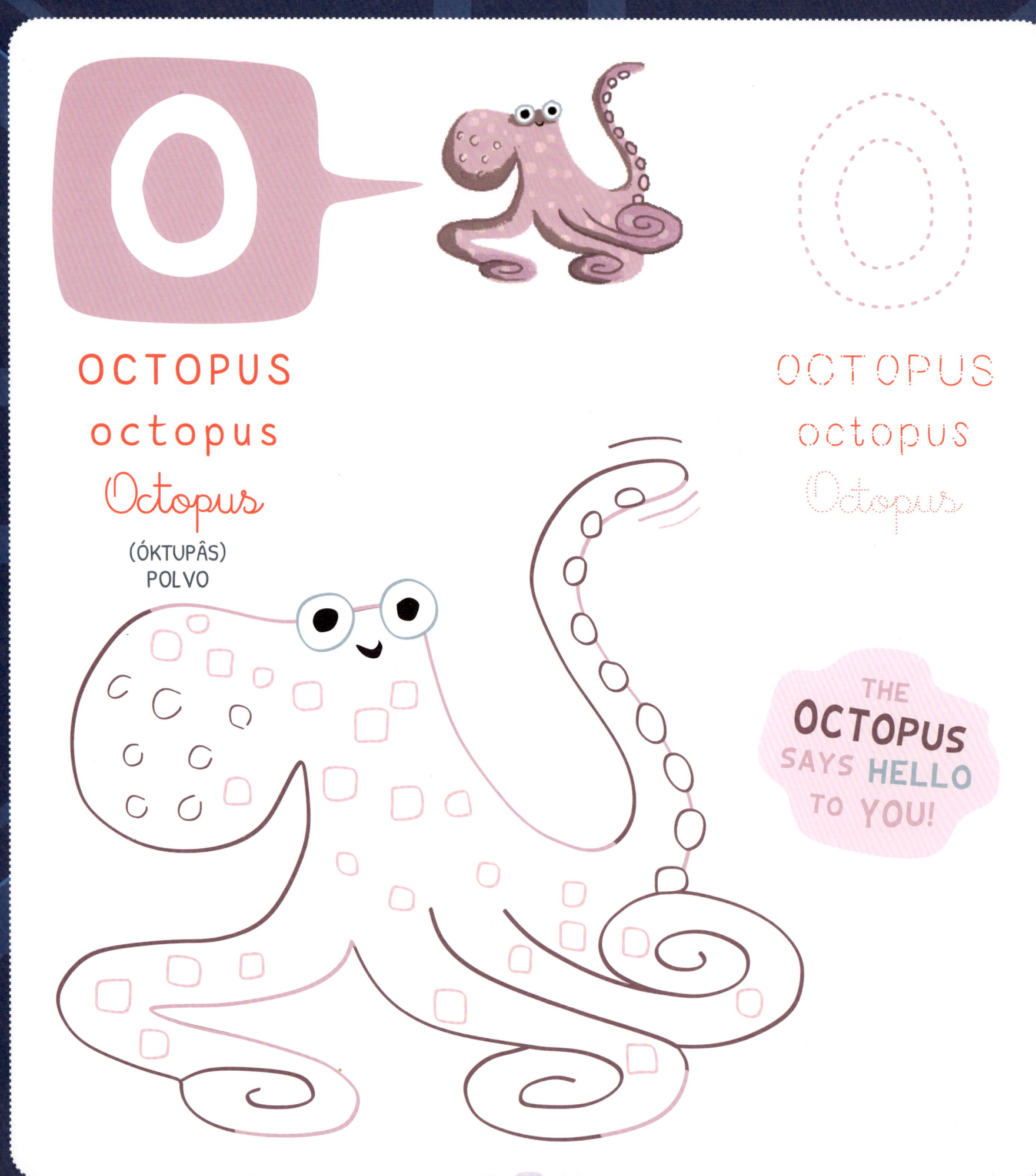

P

PUPPY

puppy

Puppy

(PÂPI)
CÃOZINHO

PUPPY

puppy

Puppy

THIS **PUPPY** IS FLUFFY!

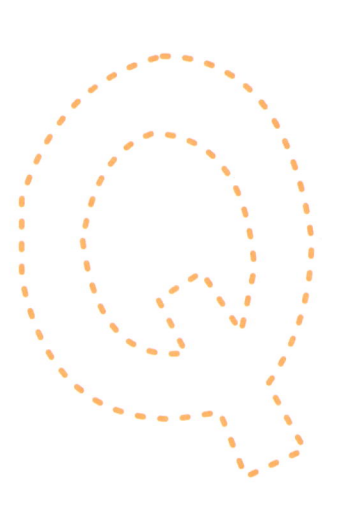

QUESTION
question
Question

(CUÉSTION)
QUESTÃO

QUESTION
question
Question

CAN I MAKE A QUESTION?

R

RHINO
rhino
Rhino

(RÁINO)
RINOCERONTE

THE **RHINO** IS **STRONG!**

R

RHINO
rhino
Rhino

S

SQUIRREL
squirrel
Squirrel
(SKUÍRREL)
ESQUILO

SQUIRREL
squirrel
Squirrel

THE SQUIRREL IS SMART!

T

TIGER
tiger
Tiger
(TÁIGUER)
TIGRE

TIGER
tiger
Tiger

THE **TIGER** IS **FEROCIOUS!**

U

UMBRELLA

umbrella

Umbrella

(ÂMBRÉLA)
GUARDA-CHUVA

UMBRELLA

umbrella

Umbrella

I LOVE MY RED SPOTTED UMBRELLA!

V

VEGETABLES
vegetables
Vegetables

(VÉDJETBOUS)
VEGETAIS / LEGUMES

VEGETABLES
vegetables
Vegetables

VEGETABLES ARE HEALTHY!

W

W

WHALE
whale
Whale

(UÊIL)
BALEIA

COME ON,
DIVE
WITH THE
WHALE!

WHALE
whale
Whale

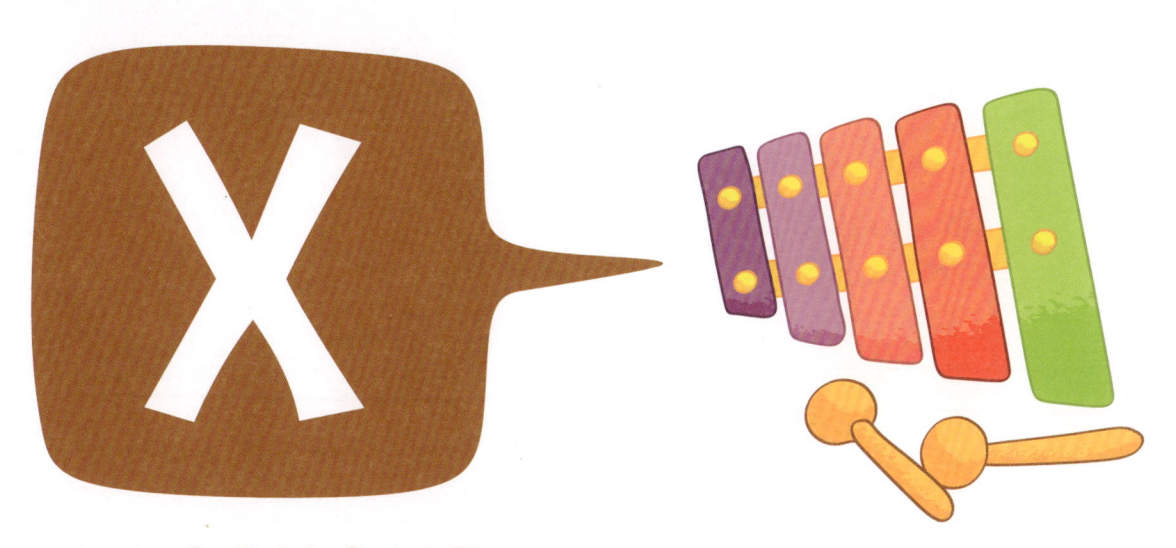

XYLOPHONE

xylophone

Xylophone

(ZÁILOFÔUN)
XILOFONE

XYLOPHONE

xylophone

Xylophone

CAN YOU
PLAY
THE
XYLOPHONE?

27

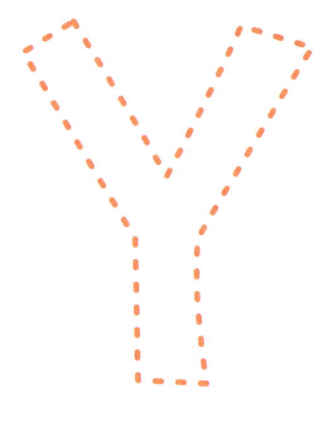

Y

YOGURT
yogurt
Yogurt
(IÔGURT)
IOGURTE

THE **YOGURT** IS **TASTY!**

Y

YOGURT
yogurt
Yogurt

Z

ZEBRA

zebra

Zebra

(ZÍBRA)
ZEBRA

Z

ZEBRA

zebra

zebra

THE **ZEBRA** IS IN THE ZOO!

29

ABC

ALLIGATOR
(ÁLIGUEITÂR)
JACARÉ

COW
(KÁU)
VACA

BEE
(BÍI)
ABELHA

APPLE
(ÉPOU)
MAÇÃ

COAT
(KÔUT)
CASACO

CHICK
(TCHÍK)
PINTINHO

BEAR
(BÉR)
URSO

BANANA
(BANÁNA)
BANANA

D **E** **F**

DRAGONFLY
(DRÁGONFLAI)
LIBÉLULA

EAGLE
(ÍGOL)
ÁGUIA

DOLPHIN
(DÔLFIN)
GOLFINHO

FIREFLY
(FÁIERFLAI)
VAGA-LUME

ELEPHANT
(ÉLEFANT)
ELEFANTE

FLAMINGO
(FLAMÍNGOU)
FLAMINGO

G H I

GOLDFISH
(GÔULDFISH)
PEIXE-DOURADO

HUMMINGBIRD
(HÂMINBÂRD)
BEIJA-FLOR

IGLOO
(IGLÚU)
IGLU

ICE CREAM
(ÁIS KRIM)
SORVETE

HORSE
(HÓRS)
CAVALO

HAWK
(HÓK)
FALCÃO

GLASSES
(GLÁSSES)
ÓCULOS

GORILLA
(GORÍLA)
GORILA

INSECTS
(INSÉKTS)
INSETOS

J K L

KITE
(KÁIT)
PIPA

KITTEN
(KÍTEN)
GATINHO

LIZARD
(LÍZARD)
LAGARTO

JIGSAW PUZLLE
(DJIGSÓ-PÂZOU)
QUEBRA-CABEÇA

LADYBUG
(LEIDIBÂG)
JOANINHA

JEANS
(DJÍNS)
CALÇAS JEANS

KANGAROO
(KÁNGARU)
CANGURU

LION
(LÁION)
LEÃO

M N O

MOON
(MÚUN)
LUA

OCTOPUS
(ÓKTUPÂS)
POLVO

MOTORBIKE
(MÓTORBAIK)
MOTOCICLETA

ORANGE
(ÓRANDJ)
LARANJA

NARVAL
(NÁRVAL)
NARVAL

NUT
(NÂT)
NOZ

OSTRICH
(ÓSTRITCH)
AVESTRUZ

OYSTER
(ÓISTER)
OSTRA

P Q R

QUEEN
(KUÍN)
RAINHA

RAM
(RÂM)
CARNEIRO

RABBIT
(RÁBIT)
COELHO

PONY
(PÔUNI)
PÔNEI

PEAR
(PÉR)
PERA

PENGUIN
(PÉNGUIN)
PINGUIM

S T U

SEAHORSE
(CI HÓRS)
CAVALO-MARINHO

UMBRELLA
(ÂMBRÉLA)
GUARDA-CHUVA

T-SHIRT
(TÍ-SHÂRT)
CAMISETA

TREE
(TRÍI)
ÁRVORE

TRAINERS
(TRÂINERS)
TÊNIS

SWING
(SUÍNG)
BALANÇO

SHEEP
(SHÍIP)
OVELHA

SLIDE
(SLÁID)
ESCORREGADOR

SHARK
(SHÁRK)
TUBARÃO

V W X Y Z

WOLF
(UÔLF)
LOBO

VASE
(VÊIZ)
VASO

YAKISOBA
(IAKISÔBA)
YAKISOBA

XYLOPHONE
(ZÁILOFÔUN)
XILOFONE

ZOO
(ZÚU)
ZOOLÓGICO

WALRUS
(UÓLRUS)
MORSA

VOLCANO
(VOLKÁNOU)
VULCÃO

THE ENGLISH ALPHABET

(DI INGLISH ALFABET)

O ALFABETO INGLÊS

 **A** **ANT**

(ÁNT)
FORMIGA

 **G** **GRAPES**

(GRÊIPS)
UVAS

 **B** **BOOKS**

(BÚKS)
LIVROS

 **H** **HAMSTER**

(HÁMSTER)
HAMSTER

 **C** **COMPUTER**

(KOMPÍUTER)
COMPUTADOR

 **I** **ICEBERG**

(ÁISBERG)
ICEBERGUE

 **D** **DOVE**

(DÔUV)
POMBA

 **J** **JELLYFISH**

(DJÉLIFISH)
ÁGUA-VIVA

 **E** **ERASER**

(ERÊIZER)
BORRACHA

 **K** **KITE**

(KÁIT)
PIPA

 **F** **FOX**

(FÓKS)
RAPOSA

 **L** **LEMON**

(LÊMAN)
LIMÃO

M  **MONKEY**

(MÂNKI)
MACACO

N **NUT**

(NÂT)
NOZ

O **OWL**

(ÔUL)
CORUJA

P **PENCIL**

(PÊNCIL)
LÁPIS

Q **QUADRUPED**

(KUADRÚPED)
QUADRÚPEDE

R **ROBOT**

(ROUBÓT)
ROBÔ

S **SEAL**

(CÍAL)
FOCA

T **TURTLE**

(TÂRTOL)
TARTARUGA

U  **UP**

(ÂP)
ACIMA

V  **VAN**

(VÁN)
VAN

W  **WHALE**

(UÊIL)
BALEIA

X **X-RAY**

(ÉKS-RÊI)
RAIO-X

Y  **YATCH**

(IÁT)
IATE

Z **ZIPPER**

(ZÍPER)
ZÍPER